你好啊，小诗词

②江山非故园

毛向军◎编著
霜　豪◎绘

中国铁道出版社有限公司
CHINA RAILWAY PUBLISHING HOUSE CO., LTD.

[使用说明]

9 类 88 种汉字结构
和语文配套的硬笔楷书
全方位的练习指导
与诗文紧密结合

注释
给多音字、生僻字注音
为难字释义

16 类 200 首经典古诗词
硬笔楷书，大字展示
更方便抄诗、临摹
诗词涵盖中小学生必背诗词
及优秀的课外诗词

小诗词知识
了解诗人创作背景
感受古代文人生活
学习诗词分类知识

画赏
读诗赏画
培养审美

诗说
尊重诗词原意
解读诗境，注释浅显易懂

[书 法 常 识]

坐姿

开始做诗抄，首先要有一个正确的坐姿。好的书写姿势，既可以提升专注力，又可以让身体更放松，还可以提高抄诗的速度，达到事半功倍的效果。

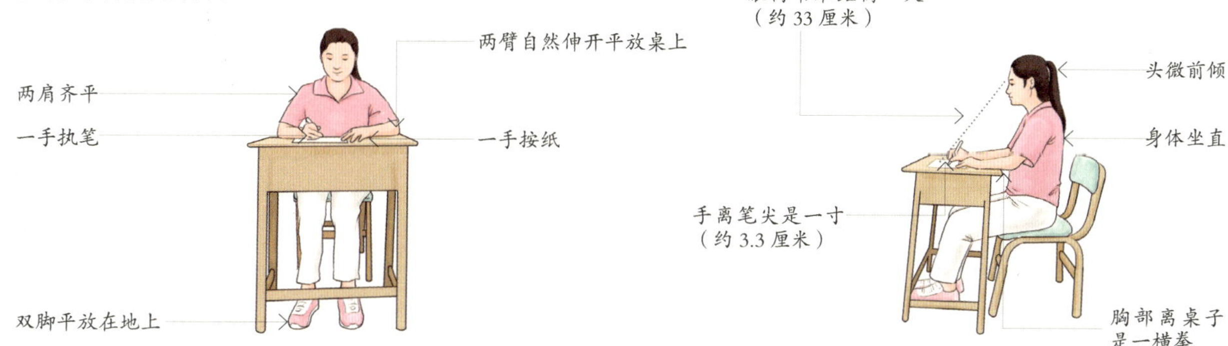

正确的书写姿势

握姿

抄写诗的过程需要手指和手腕的配合，“两面三点执笔法”能有效地调动它们的灵活性，①②两面捏住笔，③④⑤为支撑点。

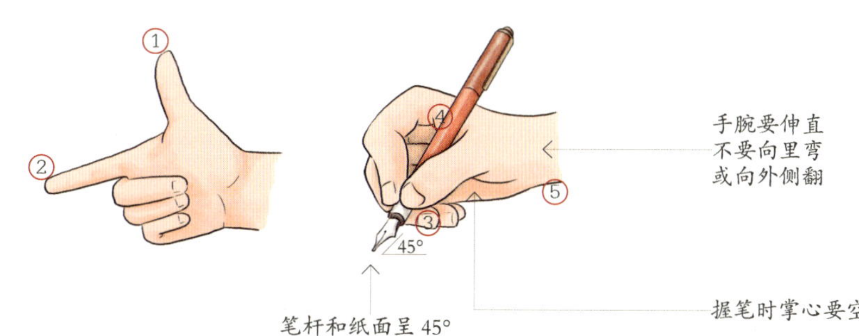

心态

抄诗时要心平气和，不能过分追求速度，导致越写越急，越急写得越潦草。

善于发现抄诗的乐趣，养成一种“乐而知之”的良好心态。

每天可以安排 5~15 分钟抄诗，需保证抄诗的质量，不要追求数量。

选笔

笔尖坚硬的书写工具，都被称为“硬笔”。可根据不同学段选用铅笔、中性笔、钢笔等抄诗工具，笔杆应粗细相宜。不建议选择自动笔和圆珠笔进行练字。

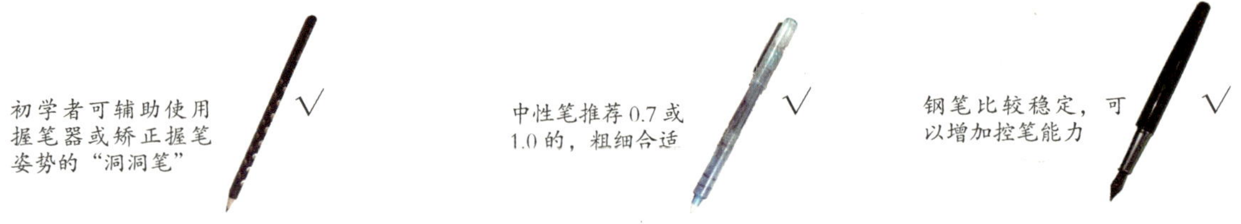

选帖

在挑选临摹字帖时，建议根据个人的喜好选帖。将水平较高的字帖，放在一起对比。

当代一些比较优秀的书法家，他们风格都各不相同，有清秀别致、严谨规范的，也有潇洒飘逸、激励奔放的。选择自己最喜欢的字帖临摹。荀子曰“好一则博”，初学书法，要先专一，方能博学。选好一本字帖，要专心致志练下来，不能朝三暮四，待一本字帖临摹熟了，才可更换字帖，博采众长。

读帖

在临帖之前要仔细观察字的结构、布局、笔画、笔法等，古人称之为“读帖”。

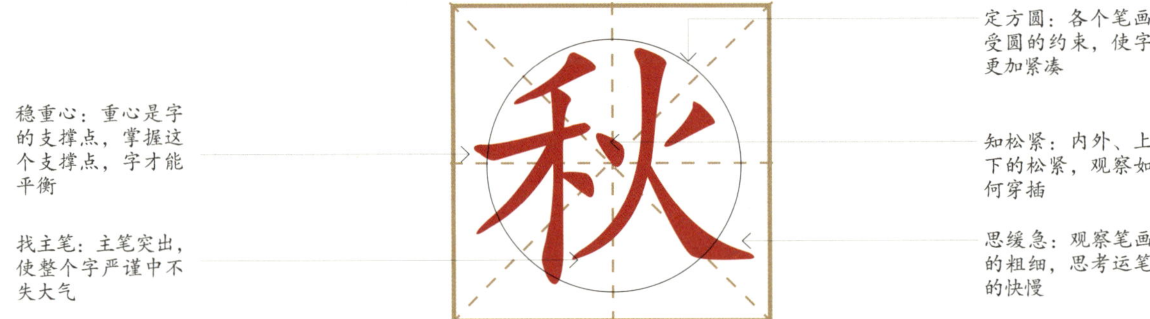

临帖

临帖是照着字帖上的字，通过自己练习去了解书法的技法和规律，是学习书法的最有效方法。学习的重点从笔画到结构再到章法，循序渐进。

笔画：一个笔画怎么写

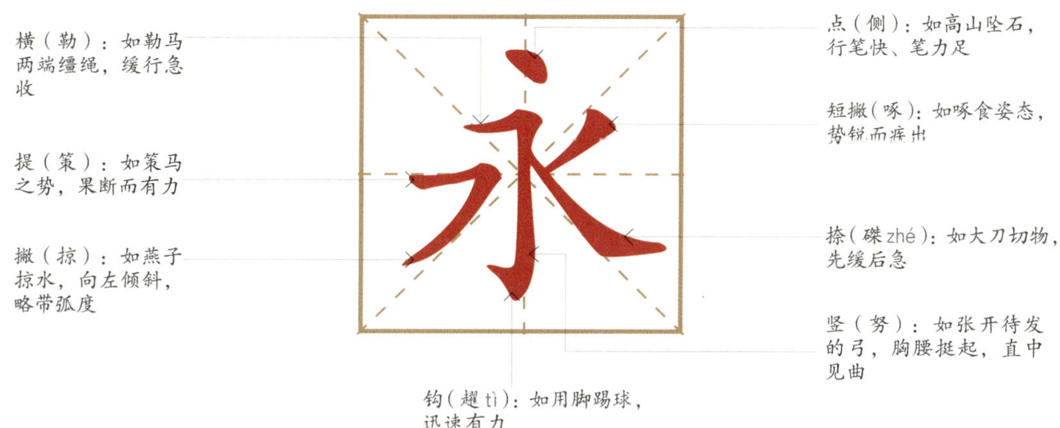

结构：一个字怎么写

汉字分为上下、左右、半包围、独体字等结构，结构虽然多样，但还是有规律可循。这里不赘述，正文“练字指导”版块里，有详解。

练字指导版块的解释

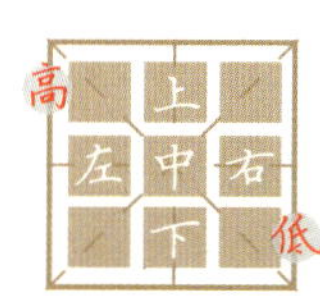

汉字部件的位置

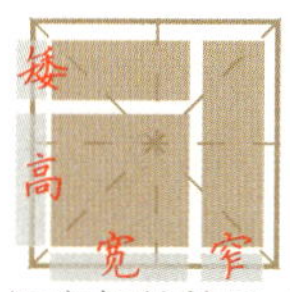

汉字部件的尺寸

章法：一首诗怎么写

特点

整齐划一：字与字、行与行之间等距，保持整齐但不呆板。

多样统一：在和谐统一的关系中注入多样性、变化性，不应该忽略每个字的细节。

形式

横写法：字序从左到右，行序从上到下，首行空两格，字间加标点。

竖写法：字序从上到下，行序从右到左，是较为传统的书写方式。

练字指导索引

目录

园

疆

江山非故园

经典的古诗词，诵读是远远不够的，在落笔书写的那一刻，在平顺转折之间，字里行间溢满了诗人的情怀。诗言志，词言情，生活中有了诗词，才会有诗意。从小就感受诗词的意境，人生何惧不精彩。

这本《江山非故园》分册中，我们选择了 24 首诗词，并根据诗意分为园、疆两个主题，引导读者赏析诗词，抄写诗词，理解诗意，感受诗境。

古诗词快速记忆技巧

熟读后，书写三遍。

第一遍，描：用自干笔在本书诗词上直接描。

第二遍，抄：在田字格本子上抄，每句只看一次。

第三遍，默：尝试独立默写整首诗。

（每个主题的诗词按照难度由低到高排序）

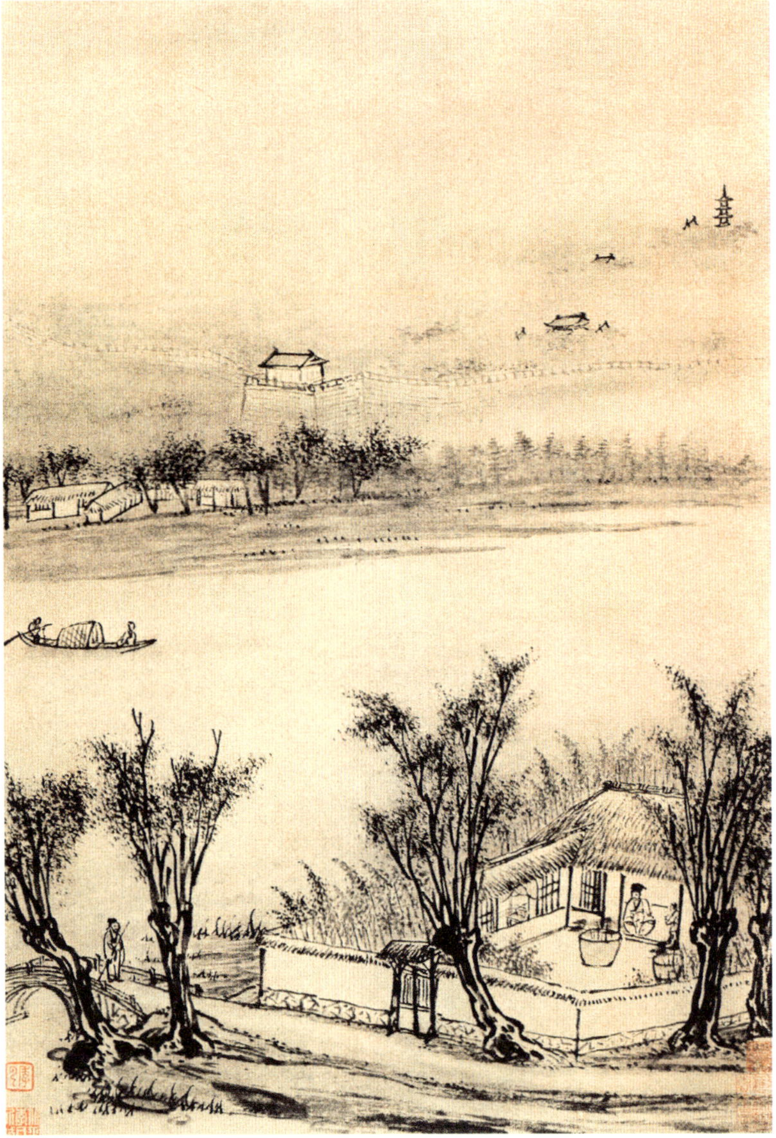

《城南高隐图》【明】宋旭

练字指导

常用偏旁之穴宝盖头。
写穴宝盖头时，
横钩写长，
两点注意左低右高，
字头较宽，下部较窄。

画中远处杂树成林，江面上有摇橹的小舟；近处的院落小屋内有隐士静坐，院外树木葱郁。整幅画虽然画面简洁，却能看出画家寄情山外的思想，别有一番闲趣。

敕勒歌

【北朝】乐府诗集

敕勒川，
阴山下。
天似穹庐，
笼盖四野。
天苍苍，
野茫茫，
风吹草低见牛羊。

▲敕勒（chì lè）：古族名，北齐时居住在朔州（今山西省北部）一带。

▲穹庐（qióng lú）：用毡布搭成的帐篷。▲见（xiàn）：同“现”，显露。

在辽阔的北方平原上生活着一个叫敕勒的民族，他们就在阴山的脚下生活作息。那里的天空就像宽大无边的圆顶帐篷，笼罩着四面的平原。蓝蓝的天空，平原辽阔无边，风儿吹过，吹平了牧草，显露出隐没在牧草中的许多牛儿和羊儿。

《山水人物手卷》 〔清〕黄夔

画家描绘一幅恬淡悠远的世外桃源景象。画作的左边是一片茅屋，人们三两成群，闲话家常；在青山的另一边，河面上停泊着一叶扁舟。山林村前，都有桃花的点缀，画中充满了春天的生机与盎然。

绝句

［盛唐］杜甫

两个黄鹂鸣翠柳，
一行白鹭上青天。
窗含西岭千秋雪，
门泊东吴万里船。

▲黄鹂：鸟名，又叫黄莺。

▲西岭：指成都西面的岷山。

▲秋：年的意思。

诗说

打开窗，两只黄鹂在翠绿色的柳树间歌唱，有一行整齐的白鹭上下拍打着翅膀向着蓝天飞去。诗人的窗前可以望见西岭上堆积着终年不化的积雪，门前停泊着来自万里外的东吴的船只。

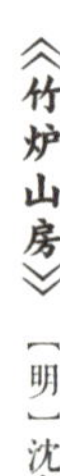

《竹炉山房》【明】沈贞

练字指导

上下结构的字。
上下同高，上窄下宽，
上部比较扁宽，
下部横画较长，竖较短。

画赏

整幅画给人一种闲逸的田园之美。修竹围绕着的茅屋中有两人品茶闲谈，俨然一副怡然自得的神情；在屋前有一书童正在庭院中煮茶。画的远处山峦耸立，老树苍劲。整幅画色彩雅致，清新自然。

游园不值▲

〔南宋〕叶绍翁

应怜屐齿▲印苍苔，
小扣▲柴扉▲久不开。
春色满园关不住，
一枝红杏出墙来。

▲不值：没有遇到。▲屐（jī）齿：屐是木鞋，鞋底前后都有高跟儿，叫屐齿。▲小扣：轻轻地敲。
▲柴扉（fēi）：用木柴、树枝编成的门。

诗人游园的时候发现园主担心别人的木屐踩坏了他爱惜的青苔，敲门也没有人来开。正当诗人懊恼的时候，却发现这满园的春色是关不住的，已经有一枝红杏伸出墙头来了。

如果游园的时候，没有看到你想看到的景色，没有达到预期的目标，你会是什么样的心情呢？

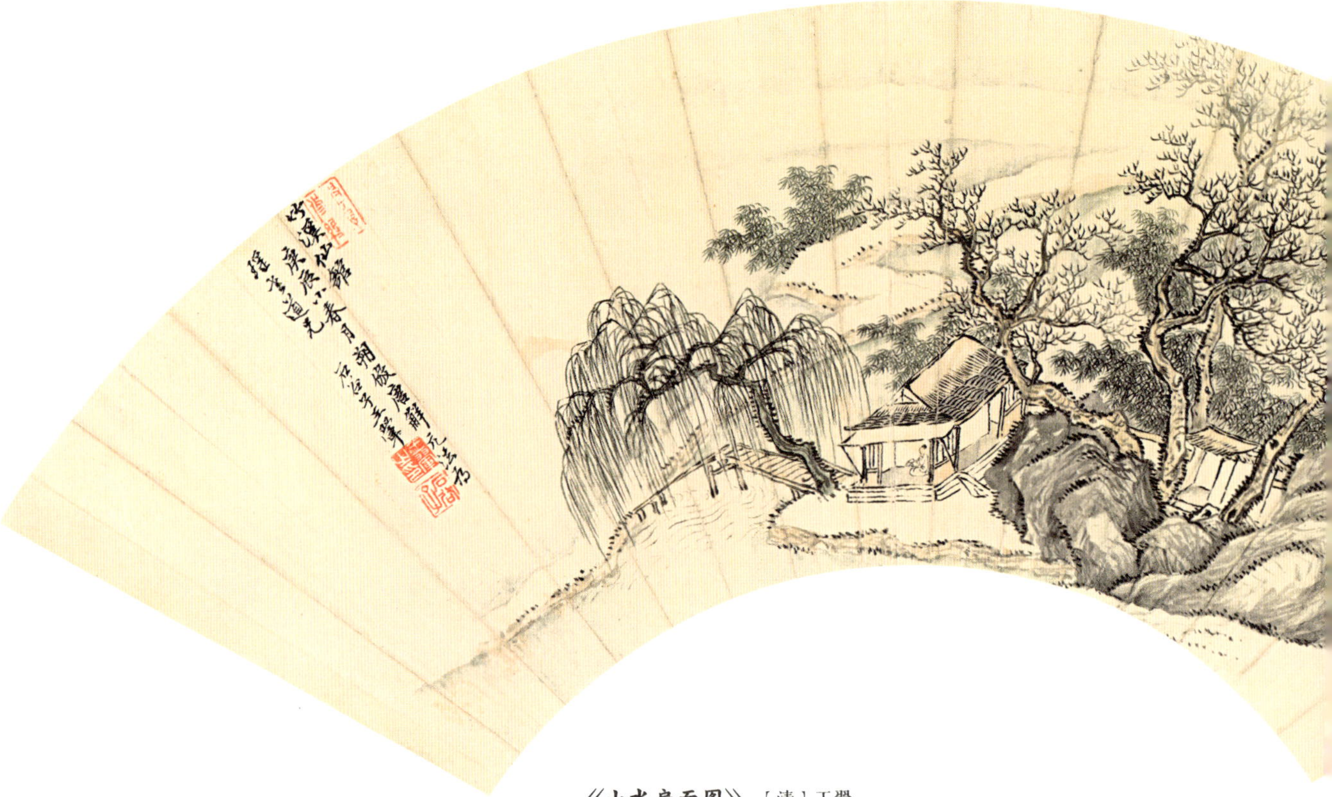

《山水扇面图》［清］王翚

画家细腻地勾画出一幅幽静的田园景致：茂林修竹下掩映着几间小屋，屋前绿柳拂风，一条小溪从屋前潺潺流过，整幅画给人们呈现出小桥流水人家的静谧感觉。

三衢道中

〔南宋〕曾几

梅子黄时日日晴，
小溪泛尽却山行。
绿阴不减来时路，
添得黄鹂四五声。

▲三衢：今浙江常山。

▲阴：树荫。

诗说

梅子黄透了的时候，每天都是晴朗的好天气。诗人乘坐小船沿着小溪慢慢前进，到了尽头时下了船，改走山路。山路两边的绿荫还像上次来的时候一样浓密，深林中传来几声黄鹂的鸣叫声，比上次来的时候更增添了一些趣味。

这首诗读起来便觉得轻快明丽，像是和诗人一起愉快地走进了山中，欣赏着初夏时宁静的景色。

《**山水图**》［清］石涛

这幅画空间感极强，远处用浅青色勾勒出青山和绿树，绿树林由远及近，层次明显。中景处用浅赭石色描绘了怪石，用明晰线条画出茅屋。近景处山石堆积，用线条塑造了山石的力量，给人直接的冲击力。

题李凝幽居

［中唐］贾岛

▲少（shǎo）：不多。　▲野色：山野的景色。▲云根：深山云起之处。▲幽期：时间十分漫长。▲负言：指不遵守诺言，失信的意思。

诗人悠闲地住在这里，很少有邻居会来，杂草丛生的小径通向荒芜的小园。鸟儿在池边树上自由地栖息，皎洁的月光下有僧人在敲门。走过桥上看见迷人的山野景色，深山里的云飘动，仿佛山石也跟着飘动。诗人要暂时离开这里了，不久以后会再回来，等到了约定好的日期一定不会失言。

小诗词知识

捻断胡须来吟诗

郊寒岛瘦

“郊寒岛瘦”出自苏轼笔下“元轻白俗，郊寒岛瘦”（《祭柳子玉文》），指的是中唐诗人孟郊和贾岛的诗风，“寒”是指清寒枯槁，“瘦”是指孤峭瘦硬。无论在创作方式还是身世背景上，两人都极其相似，都因苦吟而著称，讲究字句推敲，意境幽僻；且两人一生都困顿潦倒，官职卑微。

贾岛曾在诗句中写到“两句三年得，一吟双泪流。”（《题诗后》），两句诗反复推敲了三年，读起来不禁流泪，可见他在诗歌锤炼上的用心良苦。

用“推”还是“敲”

一天贾岛骑着驴去参加科考，突然想起了两句好诗“鸟宿池边树，僧敲月下门。”又想了一下是“推”好，还是“敲”好？反复思考还是没有定下来，开始在驴背上吟诵，用手比画着“敲”和“推”的动作。

当时做京城行政长官的韩愈，带着人马出来考察，贾岛正着迷在他的诗句里，不知不觉撞到了韩愈的队伍，随从将他带到了韩愈面前，贾岛只好将他在吟诗的事情讲了一下。韩愈思考了一会说：“用‘敲’好，夜深人静的时候，拜访友人你‘敲门’比‘推门’要有礼貌，而且用‘敲’字还给寂静的夜晚带来了几分声响。”贾岛听了连连点头，不但没有受到惩罚，还和韩愈交上了朋友。

《西湖胜迹图册—雷峰塔》【明】宋懋晋

画赏

远山隐隐，雷峰塔的四周树木葱郁，几座水榭立于西湖上，茂林修竹、柳树依依。不远的湖面上有两人在悠闲泛舟。整幅画清新淡雅，将西湖的山清水秀、层峦耸翠描绘得淋漓尽致。

饮湖上初晴后雨

［北宋］苏轼

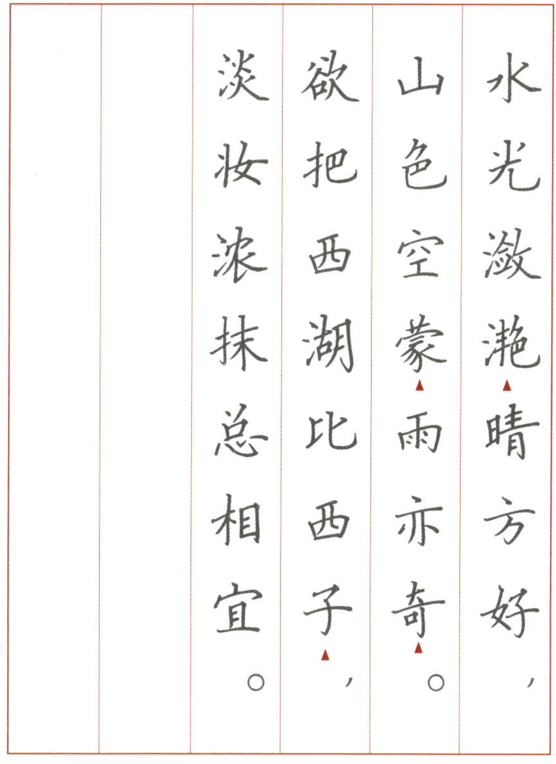

练字指导

左中右结构的字。
中间宽左右窄，
不宜写得松散，
两边收敛，向中间紧靠。

▲饮湖上：在西湖的船上饮酒。▲潋滟（liàn yàn）：水面波光闪动的样子。▲空蒙：云雾迷蒙的样子。▲奇：奇妙。▲西子：即西施，中国古代四大美女之一。

在灿烂的阳光下，西湖波光粼粼，看起来很美，雨天的西湖被雨幕笼罩，周围的群山若有若无，显得非常奇妙。如果把西湖比作古代的美女西施，无论淡妆还是浓抹，都很好看。

《柳溪晚钓图》齐白石

远处天边的晚霞艳丽无比，几座山峰用淡墨渲染，寥寥几笔勾画出山的轮廓，意境苍茫辽阔。柳枝婆娑，绿水摇曳，水草茂盛，岸边有一人悠然垂钓，乐不归家。整幅画清新自然，颇有深意。

六月二十七日望湖楼醉书

[北宋] 苏轼

练字指导

常用偏旁之四点底。
写四点底时，
四点往中间聚拢，
距离约相等，
上部左右两个点略小，
横画倾斜且平行。

▲望湖楼：古建筑名，位于杭州西湖边。

▲翻墨：打翻的黑墨水。

▲白雨：指夏日阵雨的特殊景观，因雨点大而猛，在湖光山色的衬托下，显得白而透明。

▲卷地风来：指狂风席地卷来。

诗说

乌云像打翻了的墨汁泼下来，却没有遮住远处的山川。大雨落在湖上激起的水花，像白色的珠子飞溅到船里。忽然间，狂风卷起，吹散了漫天的乌云。再看湖水，又碧波如镜、明媚温柔。

诗人泛舟西湖上时，天气突然变化，他抓住了天气的改变给景色带来的变化，写下了这样的诗句。

诗人在短短的四句诗中，把这一场及时雨描写得生动而有画面感。

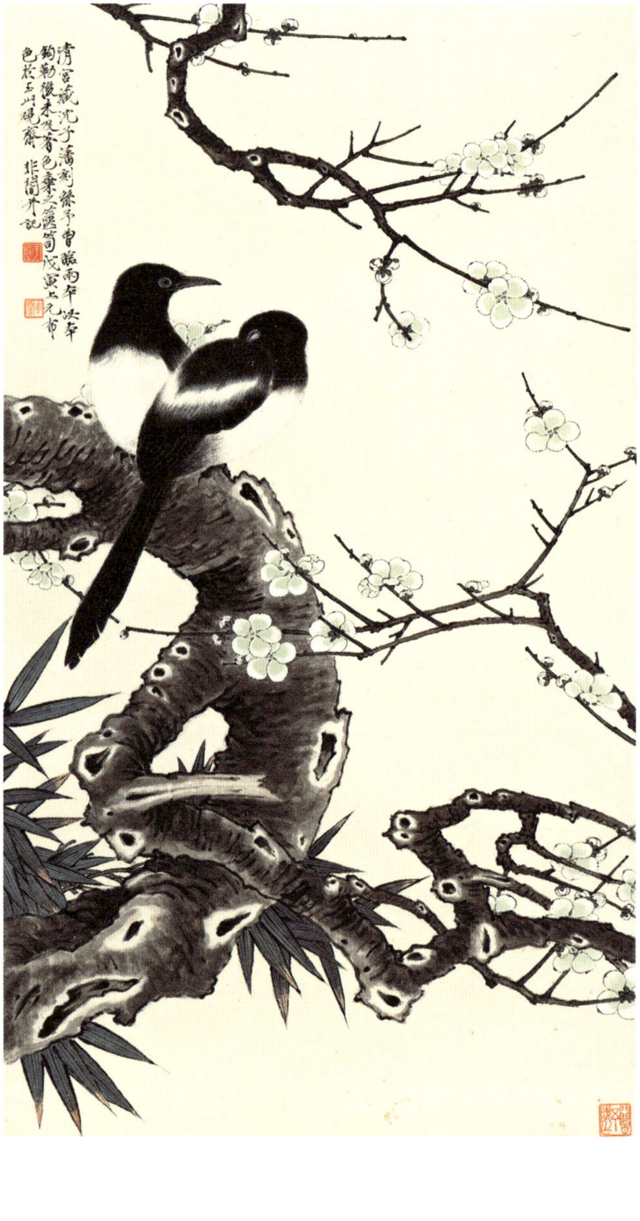

《梅花双喜》 于非闇

须

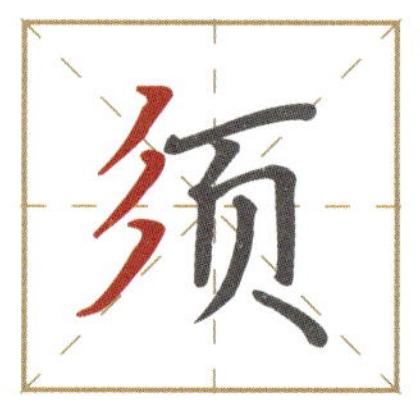

练字指导

左右结构的字。
左窄右宽，左高右低，
左边前两撇稍短，
第三撇起笔稍往左斜，
左边较窄，右边较舒展。

画赏

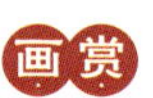

寒冬时分，梅花傲然开放在老树上，使得老树颇有生气。喜鹊也忍不住梅花的香味，停留在枝干上嫣然一副享受的姿态。

山园小梅 其一

[北宋] 林逋

众芳摇落独暄妍，
占尽风情向小园。
疏影横斜水清浅，
暗香浮动月黄昏。
霜禽欲下先偷眼，
粉蝶如知合断魂。
幸有微吟可相狎，
不须檀板共金樽。

▲暄（xuān）妍：景物明媚鲜丽，这里是形容梅花。 ▲霜禽：羽毛白色的禽鸟，此处指鹤。
▲狎（xiá）：玩赏，亲近。 ▲金樽（zūn）：豪华的酒杯，此处指饮酒。

诗说

百花凋零衰败，只有梅花迎着寒风傲然盛开，它明媚艳丽的样子在小园里占尽了风光。稀疏的影子横斜在清浅的水中，清幽的香气浮动在黄昏的月光下。鹤想先飞下来偷偷看一眼这美丽的梅花，蝴蝶如果知道梅花盛开，一定会为它失魂落魄。幸好可以低声吟诵诗词和梅花亲近，不用敲着檀板唱歌，举着金杯饮酒来欣赏它。

诗人终身不娶，被称为“梅妻鹤子”，所以他笔下的梅花含波带情，引人入胜。

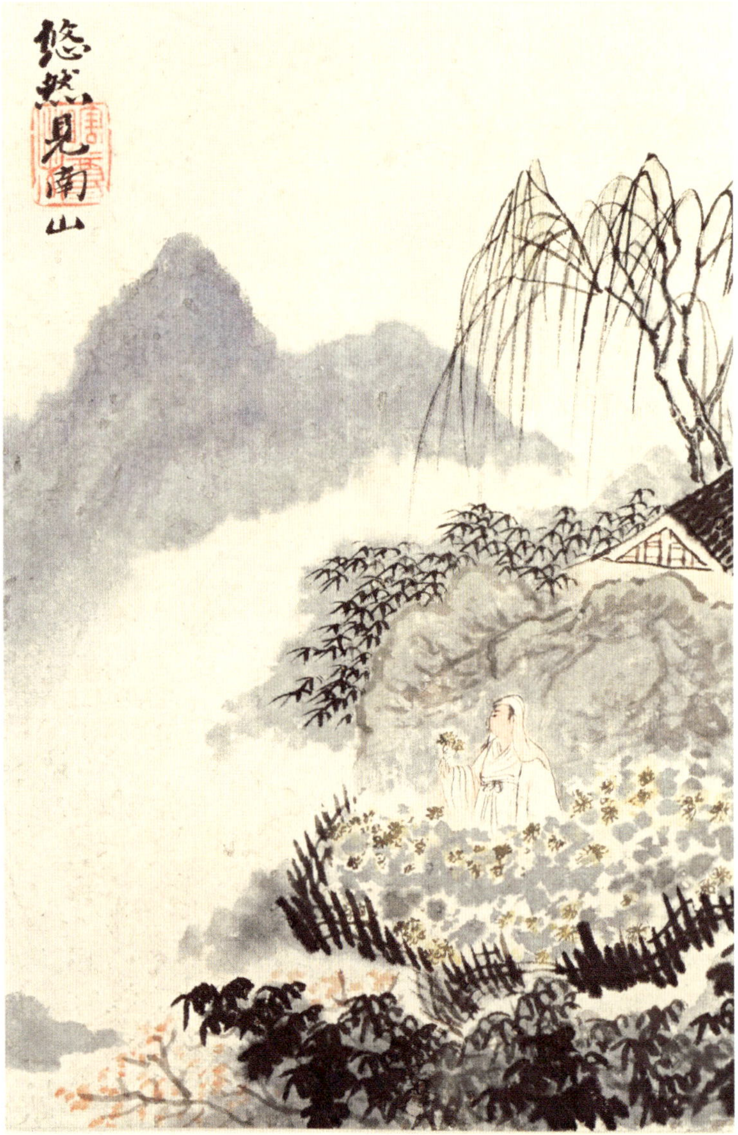

《陶渊明诗意图册》【清】石涛

远处青山如黛，屋宇旁柳树翠竹环绕，屋边篱笆围城的小院里种满了菊花，此时黄色的花朵开得正艳，淡淡清香引得主人驻足欣赏，流连其间。

饮酒

其五

[东晋] 陶渊明

结庐在人境，
而无车马喧。
问君何能尔？
心远地自偏。
采菊东篱下，
悠然见南山。
山气日夕佳，
飞鸟相与还。
此中有真意，
欲辨已忘言。

▲结庐：建造住宅，这里指居住的意思。▲人境：喧嚣扰攘的尘世。▲尔：如此，这样。
▲悠然：闲适淡泊的样子。▲日夕：傍晚。▲相与还：结伴而归。

诗说

居住在人间，这里却没有车马的喧嚣。要问诗人为什么如此，诗人告诉我们，只要心中的志向远大自然会觉得居住的地方僻静。在东篱之下采摘菊花，悠然间，那远处的南山映入眼帘。山中的气息与傍晚的景色十分美好，有飞鸟结着伴儿归来。这里有真正关于生活的意义，诗人想要传递给我们，却不知该怎么表达，就靠我们自己领悟啦。

诗人厌倦了官场，决心归隐田园，于是写下了《饮酒》这一组极富田园气息的诗。

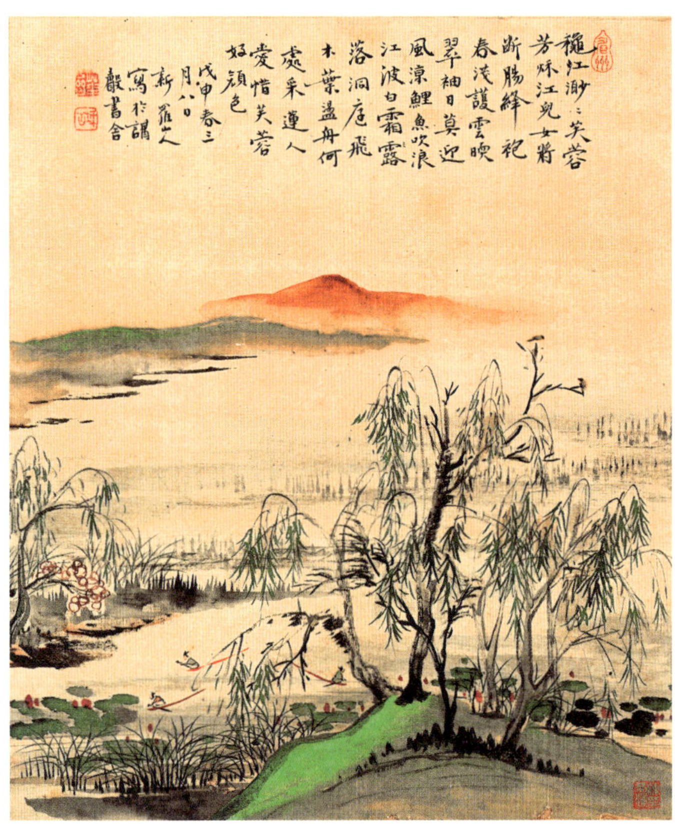

《花卉山水》 【明】华岩

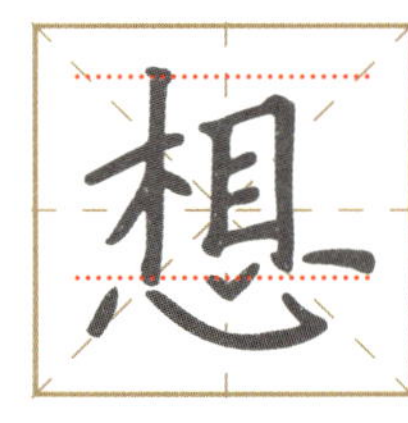

练字指导

上下结构的字。
上高下矮，上窄下宽，
上部要写得瘦长居中，
下部写得短且宽，托住上部。

池塘荷花正开，几位采莲人撑着小船准备采莲蓬，岸边垂柳依依，两只小鸟立在枝头上，整幅画色彩明丽，将夏日鸟语花香、枝繁叶茂等美好的景致描绘得淋漓尽致。

题西太一宫壁 其一

［北宋］王安石

柳叶鸣蜩绿暗，
荷花落日红酣。
三十六陂春水，
白头想见江南。

▲西太一宫：道教庙宇。 ▲鸣蜩（tiáo）：鸣蝉。 ▲三十六陂（bēi）：池塘名。

柳叶和蝉鸣显出暗绿的颜色，落日的红光映在荷塘上。已经白头的诗人看着眼前的景色不禁回想起江南。

“柳叶”“蝉鸣”“荷花”都是夏天的景物，诗人看到这些想起了自己的故乡江南。

古诗是怎么流传的？

在古代很多诗词都是诗人一时兴起或者是醉酒的时候吟唱出来的，那这些诗词是怎么流传下来的呢？

方法一：编辑收录诗集

收录诗集是唐诗得以流传的最主要方式，明代文学家胡震亨用毕生的精力编纂了《唐音统签》，在这本书中不仅收录了大量的诗歌，还编写了诗人的自传，唐诗能够流传至今离不开他的贡献。

方法二：写在纸上

赠友人

李白喜欢给朋友赠诗，他有很多诗都是通过赠友人留下来的，像《赠汪伦》《黄鹤楼送孟浩然之广陵》《沙丘城下寄杜甫》等。

方法三：老百姓口口相传

在古代，诗都是可以吟唱的，一些有名的诗篇在百姓之间口耳相传，像罗隐的《蜂》、贺知章的《咏柳》，当时在民间流传十分广泛。

方法四：写在墙上的诗

驿站墙壁、寺庙、柱子等都是唐诗的发源地，前文中的《题西太一宫壁》就是被刻在庙宇的墙壁上，林升的《题临安邸》是写在临安旅舍墙壁上的，《题西林壁》是写在庐山西林寺的墙壁上的。

《山水画——杜陵诗意图》【明】董其昌

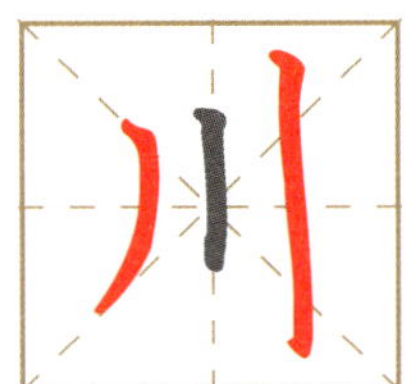

练字指导

独体字。
字形偏方，
三笔画等距，
在写竖撇时，中段顺势出撇，
右边主笔要长于左侧的两笔。

这幅画的远处山峰高耸挺立，近处的山坡上古木苍劲，两山之间溪流穿过，有一木桥连在沟壑之间。画中的山川树石，柔中有骨力，墨色层次分明，给人清隽雅逸之感。

上皇西巡南京歌 其二

【盛唐】李白

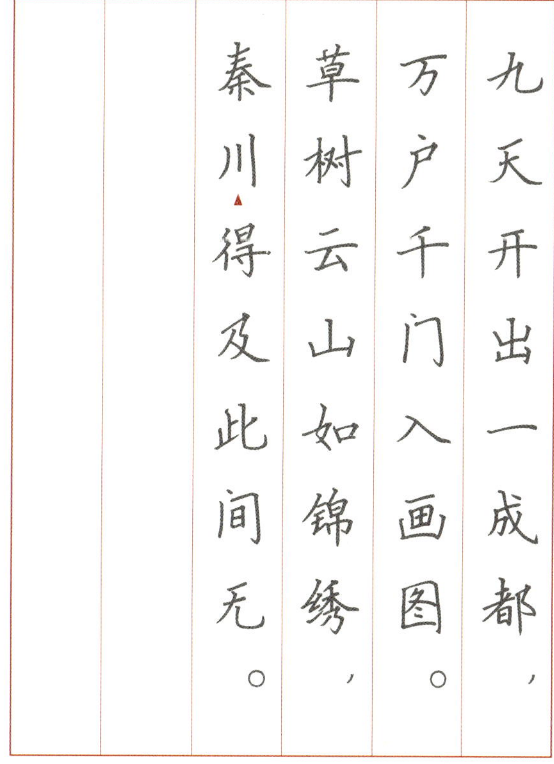

▲秦川：指长安一带。

成都真是人间天堂，千家万户美得像图画一样。城里的花草树木和云山雾罩的景色如精致的锦绣一样，秦川长安的风光能比得上吗？

李白写的《上皇西巡南京歌》共有十首，这是第二首。对这一组诗历来都有争议，有说是为国家即将转向良好的发展方向而感到欣喜；也有说是反讽，对唐玄宗在安史之乱时逃跑进行批评。真正的意义是什么样的呢？读者们自己来体会吧。

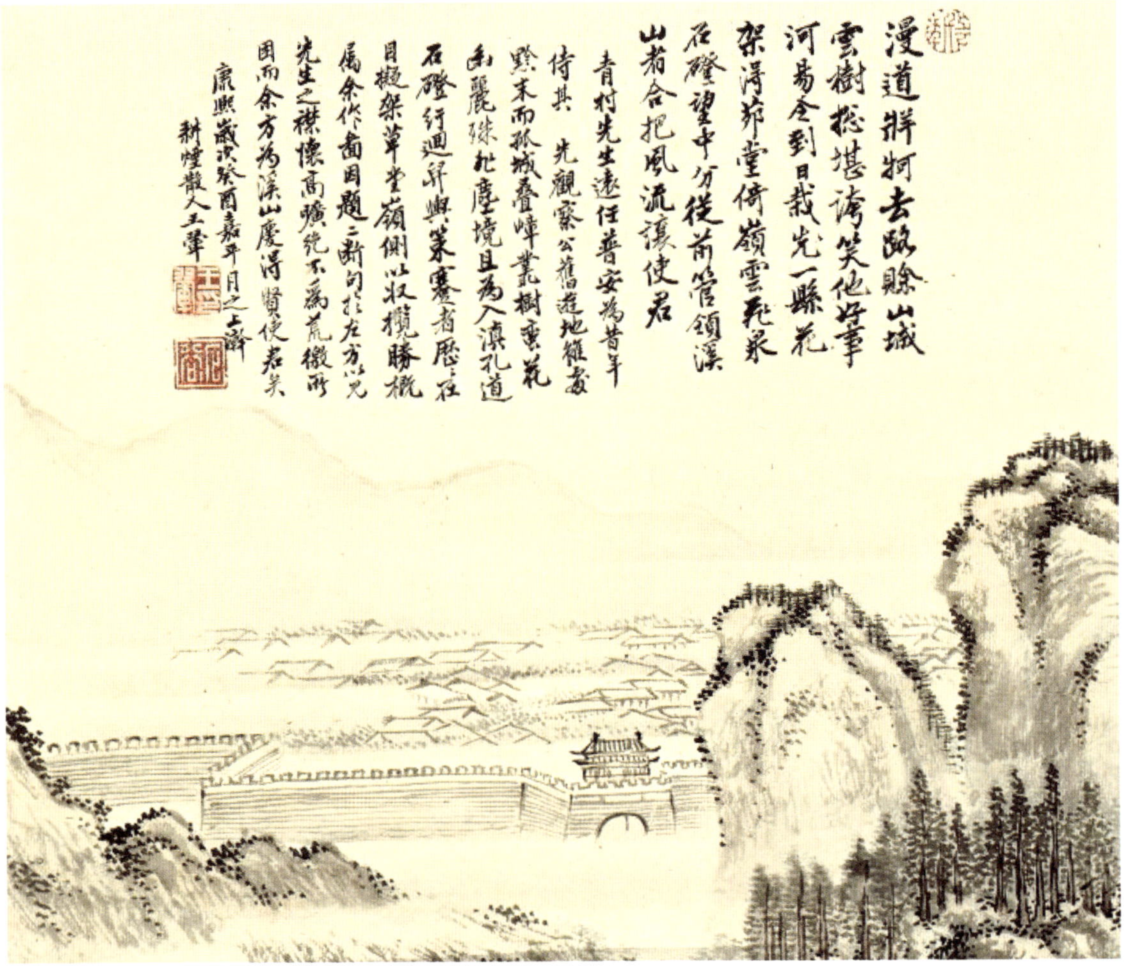

《普安晋爵图》【清】王翚

我们印象中的边疆总是荒凉偏僻的，可在画家的笔下，边关的县城却是山明水秀，美丽富饶的。在绿水青山间，远处的城墙威严矗立，城中的房屋隐隐约约，看不真切。

凉州词 其一

［盛唐］王之涣

练字指导

半包围结构的字。
上三包，上窄下宽，
门字框竖为垂露竖，
整个字横竖等距平行，
日字要往上靠，
整体呈上紧下松。

- 凉州词：唐代曲名，起源于凉州（今甘肃威武）一带。
- 孤城：指玉门关。 仞：古代长度单位。
- 羌（qiāng）：西北少数民族名称。
- 杨柳：指《折杨柳》曲调，古人喜欢以杨柳比喻送别。
- 玉门关：今甘肃省境内。

诗说

古代的边疆荒无人烟，远远望去，黄河渐行渐远，就像要奔上白云之上，玉门关孤零零地矗立在高山之中。为什么要用羌笛吹起那哀怨的杨柳曲子，好像在埋怨春天为什么还不到来似的。再怎样埋怨春天也永远不会到来，因为玉门关这一带，春风是吹不到的啊！

上前线去写边塞诗

边塞风光诗

在古代，因为交通不够发达，边塞（边疆地区的要塞）变得遥远而神秘，遥想无边的戈壁和高峻的雪山，只能通过诗句来了解边塞的景象。

王昌龄二十八岁就开始漫游西北边陲，被称为“边塞诗的先驱”，他笔下的“青海长云暗雪山，孤城遥望玉门关”（《从军行》）就如同一个巨幅边塞画卷。

军旅生活诗

边塞诗像一面镜子，折射着当时将士们的军旅生活。他们描写了戍守将士的乡愁、塞外生活的单调和艰辛。

高适是边塞诗的领军人物，他长期从军，拥有着丰富的边塞生活经验，常常用诗句来表现边塞生活。他的“男儿本自重横行”“君不见沙场征战苦”（《燕歌行》）就堪称一幅边塞生活的写生图。

另一位诗人岑参在边塞生活将近八年，和高适不同，他喜欢用夸张的手法将边塞生活写得惊心动魄、绘声绘色，像“将军金甲夜不脱，半夜军行戈相拨”（《走马川行奉送封大夫出师西征》），就描述了一幅入夜后将军不敢脱去盔甲的场景，仅用几句诗句便透露出征战的紧张气氛。

《琵琶行图》【明】郭诩

这是根据《琵琶行》而创作的写意人物画，画中歌女侧身而立，头绾高髻，面容清秀而暗含忧伤，她怀抱琵琶，身着曳地长裙，体态窈窕俊美。诗人双手抚膝端坐于旁，神情专注地面向歌女，似乎在倾听歌女诉说其不幸的身世。

凉州词 其一

［盛唐］王翰

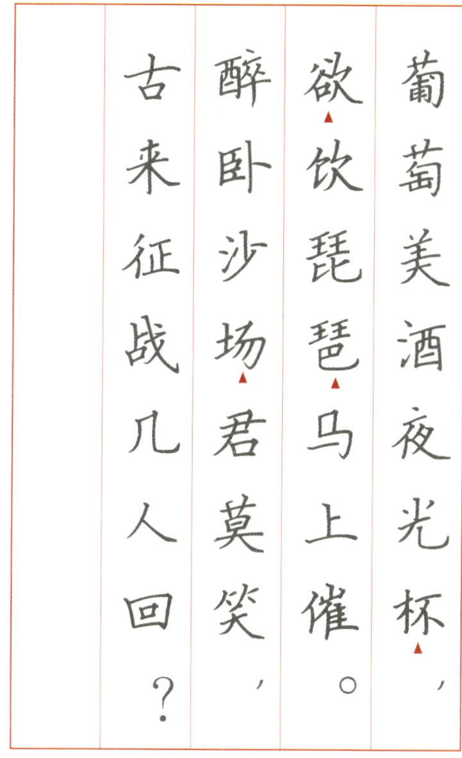

练字指导

左右结构的字。
左宽右窄，左矮右高，
右边竖画较长，
在竖画中间写点，
左右两边留有空隙。

▲夜光杯：这里指制作精美的酒杯。 ▲欲：正要，想要。 ▲琵琶（pí pá）一种乐器。 ▲沙场：广阔的沙地，多指战场。

酒席上纯美的葡萄酒斟满在夜光杯里，歌姬们弹起了琵琶助兴催酒，战士们个个豪情满志，马上就要踏着骏马去冲锋陷阵。如果战士在战场上醉倒了，你一定不要嘲笑他们。既然踏上了征战的道路，就没有想着要活着回来。

征战沙场，生命几乎被置之度外，将士们内心的哀怨，和不得不旷达的心情，在这首诗里被展现得淋漓尽致。

《番人秋狩图》〔清〕石涛

练字指导

独体字。
上收下展，
起笔横折的横不要写长，
竖折折钩的上竖不要左斜，
钩要往左上出峰。

秋高气爽，大雁南飞，广袤的草地上一场狩猎正在进行。这幅画就是描绘了这样一个秋狩的场景，画中马儿壮硕，狩猎者姿态潇洒，让人看了不禁热血沸腾。

出塞 其一

【盛唐】王昌龄

秦时明月汉时关，
万里长征人未还。
但使龙城飞将在，
不教胡马度阴山。

▲但使：只要。 ▲龙城飞将：指李广，在这里借代众多汉朝抗匈奴的英雄。
▲胡马：指侵扰内地的外族骑兵。▲度：越过。

诗人看到的地方依旧是秦汉时期的明月和边关，戍边征战的将士们却都没有再回来。如果龙城的飞将卫青还在世，是绝对不允许匈奴南下越过阴山的。

古时候，诗人都爱用写诗来表达对征战沙场的复杂情感，王昌龄的这首《出塞》就是脍炙人口的名篇。这首诗写满了诗人渴望有良将管理边关，渴望百姓过上平定安稳的生活。

《天山积雪图》［清］华岩

练字指导

左右结构的字。
左窄右宽，左低右高，
左边写窄一些，
横画变为提，不要写成横，
右边长撇略高于左边。

天山脚下，一个身披大红斗篷、佩戴宝剑的单身旅客，牵着一匹双峰老驼，艰难地行走在冰雪之中。天色灰暗，四野空旷，道路漫漫，白雪皑皑。一只孤雁横掠空中，旅者和老驼举首仰望，此情此景引起了游子的万千思绪。

从军行

其四

[盛唐] 王昌龄

青海长云暗雪山，
孤城遥望玉门关。
黄沙百战穿金甲，
不破楼兰终不还。

▲长云：漫天的乌云。

▲雪山：指祁连山。

▲穿：磨破。

▲破：击败。

▲楼兰：汉代西域的小国。

青海湖上乌云密布，远处的雪山也一片暗淡。诗人在这个古城里向遥远的玉门关眺望着。戍(shù)边的战士身经百战，哪怕盔甲被磨穿，也不会磨灭壮志。他们一定要打败进攻的敌人，不然不会回到家乡。

这是王昌龄《从军行》四首中的一首。这四首诗描绘的都是戍边战士的壮志和豪迈，有兴趣的话可以找到另外三首一起读一读。

《雪景山水图》〔南宋〕梁楷

练字指导

独体字。
字形偏长，
第一笔短横略往上倾斜，
竖钩均分上面短横，
略往长横右边倾斜，
竖钩上短下长。

画赏

这幅画描绘了两个身着白色的披风，头戴风雪帽的人，骑着驴在山谷上穿行。在溪流边有着两颗古树，树干虬曲，树叶稀疏。天空用淡墨渲染，整个空间给人以风雪欲来之感，呈现出荒凉萧瑟的氛围。

塞下曲 其三

【中唐】卢纶

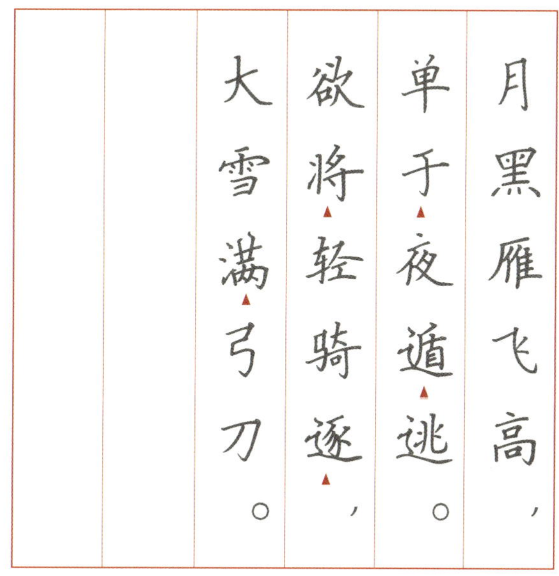

▲单于：匈奴的首领。▲遁：逃走。▲将：率领。▲逐：追赶。▲满：占满。

塞外的冬天是什么样的呢？

在安静的月夜，黑雁被惊扰飞得很高，原来是单于趁着黑夜悄悄逃走了。将军正要带领轻骑兵去追击，将士们身上的弓刀落满了积雪。

寥寥几句，便足以见得塞外的雪，来的是怎么样的凶猛。

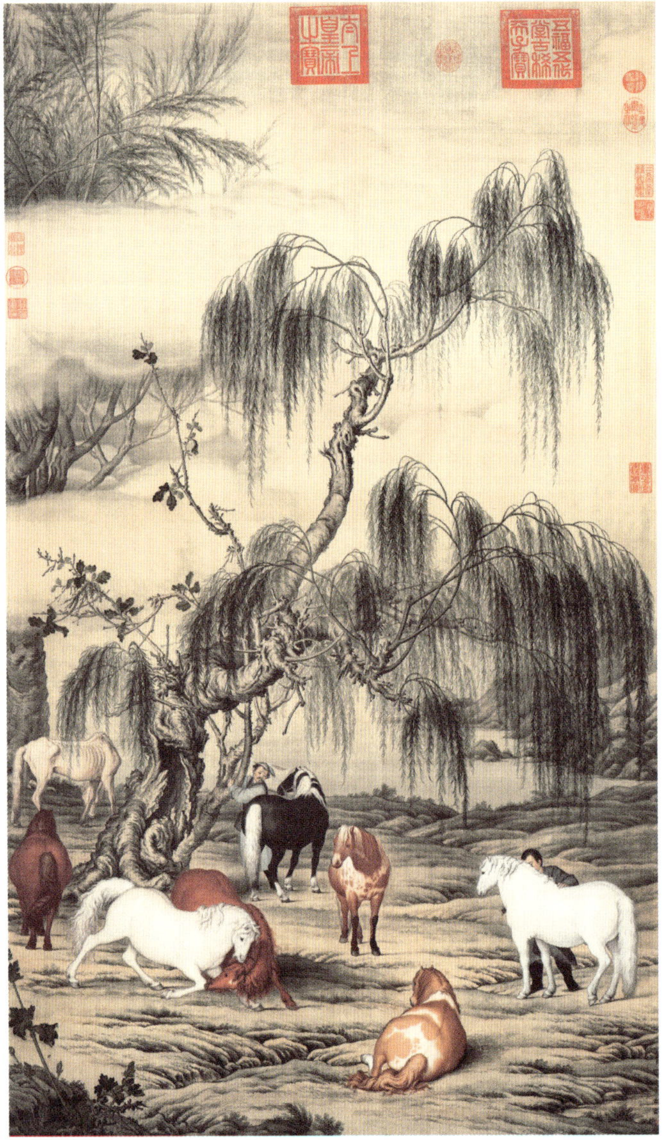

《八骏图》［清］郎世宁

练字指导

上中下结构的字。
上窄中下宽，
上部横画略倾斜，
左竖比右竖略长，
中间部位紧凑，
下部末点为整个字最低点。

整幅画呈现出一种田园式悠然，八匹马形态各异，或立或奔或卧，加上后面柳树等景色映衬，这八匹骏马更显脱凡超俗、闲逸自得。

马诗 其五

[中唐] 李贺

大漠▲沙如雪，
燕山▲月似钩。
何当金络脑▲，
快走踏▲清秋▲。

▲大漠：广阔的沙漠。▲燕山：在今河北。▲金络脑：用黄金装饰的马笼头。▲踏：走，跑。▲清秋：清朗的秋天。

大漠里的沙子像积雪一样铺在地上，远处连绵的燕山上挂着一弯月亮，远远望去像弯钩一般。马儿什么时候才能披上威武的金络脑，在秋天的战场上驰骋，立下功劳呢？

写的是马，可传达的却是诗人一腔报国的决心啊。

《寒驼残雪图》【清】华岩

画赏

这是一幅边塞雪景图，在画面中有一位身穿红衣者在蒙古包中拉开帘子窥视，在他一旁的是瘦骨嶙峋的骆驼，在低头觅食，在空中隐现着半轮残月，一只孤雁振翅飞过，整个画面情景交融，意境含蓄，用天高地迥的自然景象，烘托出人物孤寂的内心世界。

使至塞上

〔盛唐〕王维

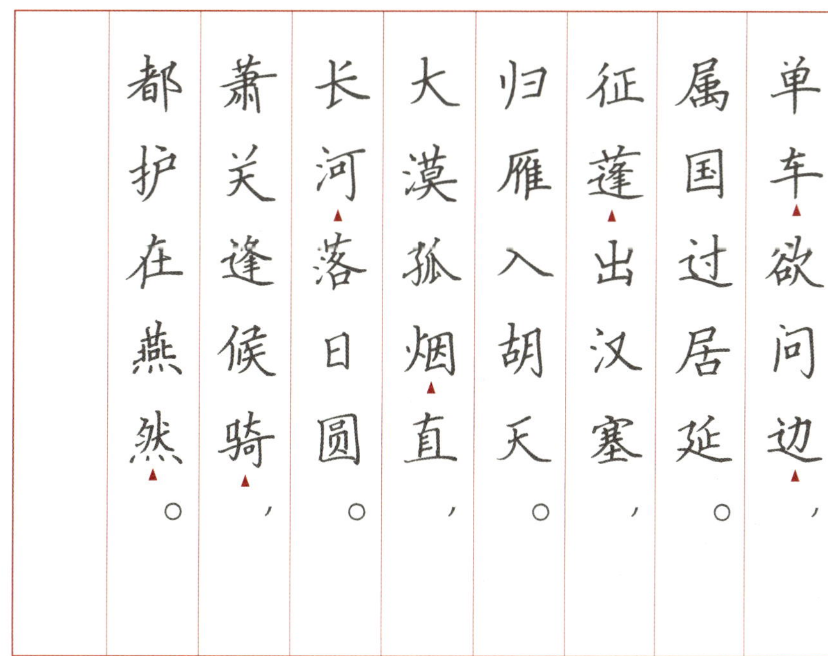

▲单车：一辆车。▲问边：慰问边关守军。▲征蓬：飘飞的蓬草。▲孤烟：指烽烟。▲长河：指黄河。▲候骑：骑马的侦察兵。▲燕然：燕然山，这里指边防前线。

诗说

诗人乘着车想去边关慰问，途经的属国里已经过了居延。就像随风而去的蓬草飘出了边塞，北归的大雁也正在天上翱翔。广博的大漠中孤烟直上，无尽的黄河上挂着圆圆的落日。诗人到萧关的时候遇到了骑马的侦察兵，被告之都护已在燕然。

如今“大漠孤烟直，长河落日圆”已成为描绘大漠景象的千古佳句。

《乾隆皇帝大阅图》［清］郎世宁

练字指导

左中右结构的字。
右宽左中窄，
两点水宜靠近，
中间撇收为点，
右边捺画舒展，
整体要紧凑。

这幅画是乾隆年间中西文化高度结合时所作。画中骑马的就是乾隆皇帝，他头戴金盔，身着铠甲，骑在黄白相间的骏马上，精神抖擞。在他的身后，天空忽明忽暗，整幅画突显出一种帝王的自信。

雁门太守行

【中唐】李贺

黑云压城▲城欲摧，
甲光▲向日金鳞开。
角声满天秋色里，
塞上▲燕脂▲凝夜紫。
半卷红旗临易水，
霜重鼓寒声不起▲。
报君黄金台上意，
提携玉龙▲为君死。

▲黑云压城：比喻敌军攻城的气势。▲甲光：铠甲迎着太阳闪出的光。▲塞上：指北方、西北方长城附近边境地区。▲燕脂：胭脂，深红色。▲声不起：形容鼓声低沉。▲玉龙：指宝剑。

诗说

敌兵像黑云一般翻滚而来，整个城都像快要被催倒一般。将士们严守以待，阳光照耀铠甲，泛起一片金光。响亮军号在这秋色里响彻天空。战斗了！战斗了！黑夜间战士鲜血凝成暗紫。红旗半卷着，援军赶到易水，夜寒霜重，鼓声郁闷低沉。将士只为报答君王恩遇，手携宝剑，视死如归。

诗人的这首诗是写征战场景的，他用黑、金、紫、黄等各种颜色，表现出了一场宏大的征战场面。

《蜀道行旅图》［清］钱松岩

秋天到来的时候，边塞的风光就和之前完全不一样了。大雁又飞回了衡阳，丝毫没有停留的意思。军中的号角已吹响，边塞周边特有的声音也跟着响起来。层峦叠嶂的群山里，远处夕阳西下，炊烟升腾，孤零零的城门紧闭着。喝一杯酒，不由得想起了万里之外的亲人。眼下战事未平，功名未立，还回不了家。悠悠的羌笛声响起，天气寒冷，霜雪落了满地。夜深了，年轻的士兵们难以入睡，将军操持军务，须发已变白，都是离家万里的人，默默留下了眼泪。

这首词有的人读，感受到的是凄凉、悲清；有的人却在悲伤的情绪中体会到了英雄的气概。

画作中崇山峻岭、山石峻峭，老松生长在悬崖峭壁间，俨然一副生机勃勃的姿态。山腰上修建了栈道，人们骑着马，排着队，缓步行至山中的屋舍。整幅画笔墨苍劲整洁，富有秀逸之气。

渔家傲·秋思

［北宋］范仲淹

塞下秋来风景异，衡阳雁去无留意。四面边声连角起，千嶂里，长烟落日孤城闭。

浊酒一杯家万里，燕然未勒归无计。羌管悠悠霜满地，人不寐，将军白发征夫泪。

▲渔家傲：词牌名。

▲留：留恋。

▲边声：边塞特有的声音，如大风、羌笛、马嘶的声音。

▲千嶂：层峦叠嶂；嶂，直立似屏障的山峰。

▲浊酒：混浊的酒，质量不好的酒。

▲燕然未勒：指战事未平，功名未立。

▲羌管：一般指羌笛，羌族的一种乐器。

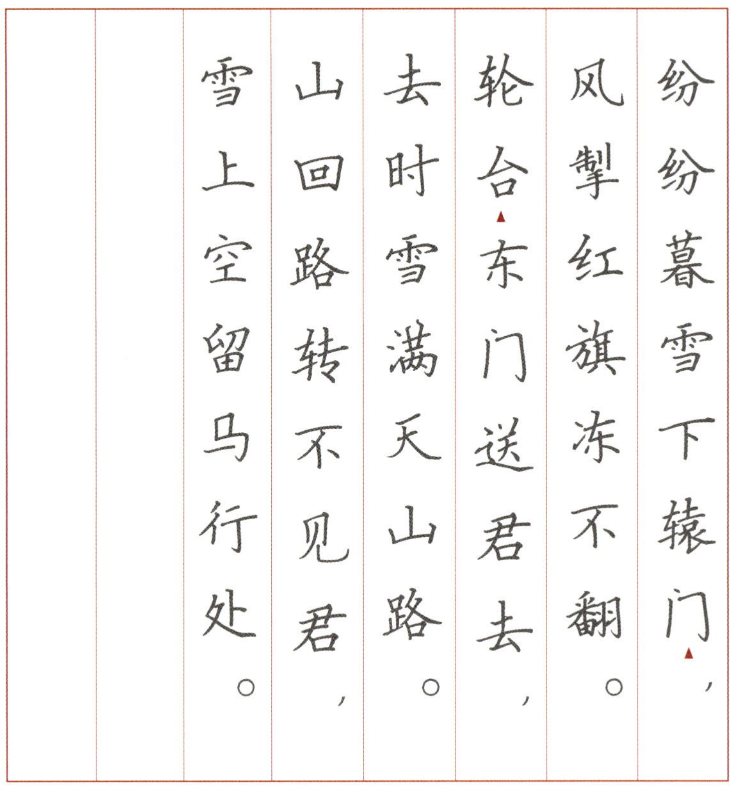

诗人用雪作为全诗的线索，记叙了送别武判官回京的整个过程。第一部分主要写景，诗人看见枝头的积雪，就像一树盛开的梨花。接下来诗人用居住的地方、穿的衣服、拉弓等日常事物来描写了下雪后边塞的寒冷。中间四句是第二部分，描绘的是雪天的壮阔和饯别宴会的盛况。胡琴、琵琶和羌笛都表现了为武判官送别时众人的热情与场面的隆重，人们载歌载舞，开怀畅饮。最后一部分写傍晚友人踏上了归途。虽然雪越下越大，但送行的将士们千叮万嘱，不愿意回去。诗人用质朴的语言表现了将士对战友的真挚情谊。

岑参是边塞诗的代表诗人，这首诗写于他第二次出塞时。在诗中，岑参描绘了西北边塞的壮丽景色，抒发了送别友人的惜别之情，更展现了戍边战士豪迈的情怀。

白雪歌送武判官归京

【盛唐】岑参

北风卷地白草折，
胡天八月即飞雪。
忽如一夜春风来，
千树万树梨花开。
散入珠帘湿罗幕，
狐裘不暖锦衾薄。
将军角弓不得控，
都护铁衣冷难着。
瀚海阑干百丈冰，
愁云惨淡万里凝。
中军置酒饮归客，
胡琴琵琶与羌笛。

▲白草：一种牧草，干熟之后变成白色。
▲胡天：这里指塞北一带天空。
▲锦衾（qīn）：锦缎做的被子。
▲都（dū）护：镇守边镇的长官此为泛指。
▲瀚（hàn）海：沙漠。
▲阑干：纵横交错的样子。
▲中军：指主将。
▲饮（yìn）归客：宴请将要回去的人。
▲羌笛：羌族的管乐器。
▲辕门：领兵将帅的营门。
▲轮台：古西域地名，在今新疆维吾尔自治区轮台县。

《落花诗意图》 【明】沈周

这是一幅设色山水画，色彩清新雅致。画中空山寂静，一位老者，背已微驼，手扶着一长长的竹竿，独自站在溪边的坡地上看着远方的青山，是在感叹着什么呢？他的身后地上落满了残花，春天好像刚刚过去。

长相思▲·山一程

［清］纳兰性德

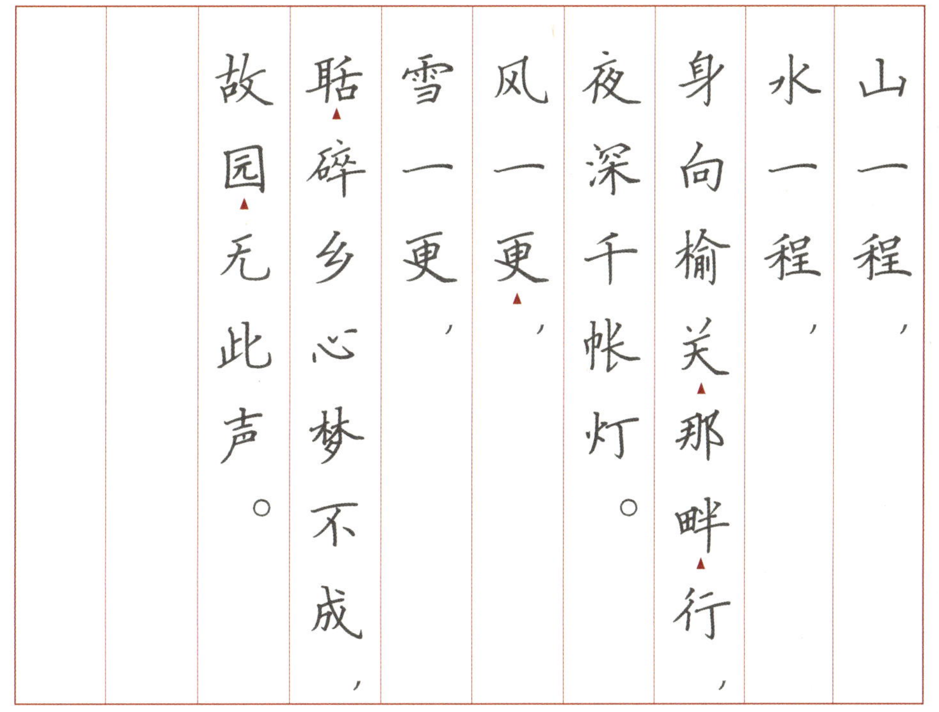

▲长相思：词牌名。▲榆关：即今山海关。▲那畔：即身在关外。▲更：古时候时间计量单位，一更约两小时。▲聒（guō）：声音嘈杂。▲故园：故乡，这里指北京。

将士们不辞辛劳，跋山涉水，向着山海关奋进。夜深的时候，军营的帐篷里点起了灯。敞篷外刮着风、下着雪，嘈杂的声音惊醒了梦中的将士，勾起了他们对家乡的思念。故乡多好啊，故乡哪会有这样狂风呼啸、雪花乱飞的声音。

纳兰性德是一个有传奇色彩的诗人。他是朝廷的重臣，是征战沙场的将军，可他却更偏爱用诗句抒发自己的情思。

《万壑争流图》〔明〕文徵明

练字指导

上下结构的字。
上矮下高，上窄下宽，
上部两竖往中心倾斜，
下部点在横画的中间位置，
竖不要写长，略往左倾斜，
最末笔横画不宜写长。

这幅画青绿设色，清润幽雅。画面中山势巍峨，山泉争流而下，山坡树木葱郁，山下溪水潺潺。林间小径，有兴趣高雅之人，信步缓行，一边交谈一边欣赏着秀丽山川。

关山月

【盛唐】李白

明月出天山，
苍茫云海间。
长风几万里，
吹度玉门关。
汉下白登道，
胡窥青海湾。
由来征战地，
不见有人还。
戍客望边邑，
思归多苦颜。
高楼当此夜，
叹息未应闲。

▲关山月：乐府旧题，多抒离别哀伤之情。▲天山：祁连山。▲下：指出兵。▲白登：在今山西大同白登山一带。▲青海湾：即今青海湖。▲戍客：戍守边疆的战士。▲高楼：古时候的高楼一般指闺阁。

诗说

这首诗中描绘了一幅壮阔的边塞风光。

明月从天上上升起，穿行在苍茫云海之间。狂风吹卷了几万里，吹过了边塞的玉门关。当年汉人军队直指白登道，吐蕃族军队觊觎青海的大片河山。诗人在的地方就是征战的沙场啊，出征的将士那么多，很少有生还的。戍守的士兵远远望着边城的景象，思念家乡不禁满面的悲苦。而将士的妻子则站在高楼上，望着丈夫从军而去的方向，哀叹何时才能见到自己的亲人啊。

诗人用广阔的时间和空间作为创作的背景，把将士的思乡之情和妻子的思夫之情融入其中，让整首诗的意境更加深沉、旷远。

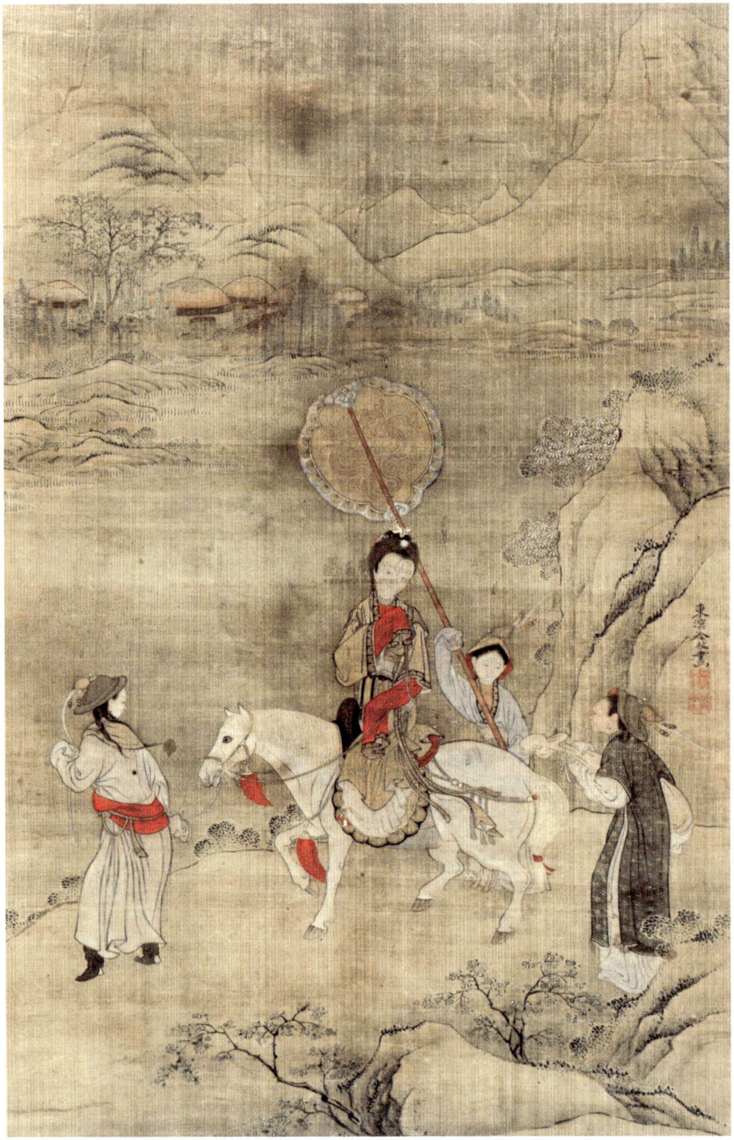

《昭君出塞图》【清】冷枚

这幅画设色淡雅，远处山峦起伏，树林间搭建着营帐，点明了塞外的景色。画的主体是昭君，漫漫长路，昭君坐在马上流连顾盼，显示出她此时复杂的心情。

陇西行

其二

[晚唐] 陈陶

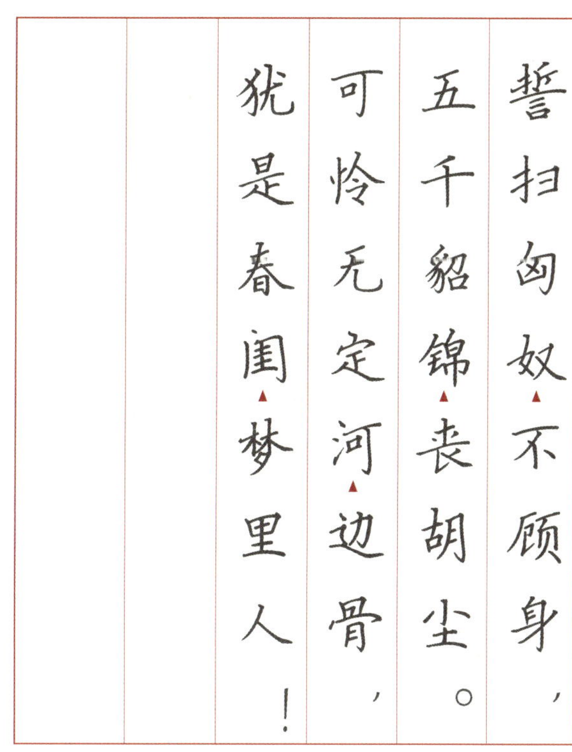

▲匈奴：这里指西北边境部族。

▲貂锦：这里指战士。

▲无定河：在今陕西北部。

▲春闺：这里指战死者的妻子。

每一个将士奋不顾身誓死要横扫匈奴，五千名身穿锦袍的精兵将士战死在边塞。真是可怜那无定河边暴弃的成堆白骨，他们的妻子还在梦境中盼望着他们早日归来团聚唉！

这首诗主要反映了唐朝时期的边塞战争给人民带来的痛苦和灾难，也寄托了诗人对和平安定生活的渴望。

书写练习（同步临摹）

文中对应页

穹 2

柴 6

潋 15

黑 17

须 18

想 22

川 26

间 29

绝句

杜甫

5 文中对应页

凉州词 33
王翰
葡萄美酒夜光杯，
欲饮琵琶马上催。
醉卧沙场君莫笑，
古来征战几人回？

绘画作品索引 （仅为本册索引）

全套诗词索引 （按诗人朝代和出生先后来排序）

盛唐诗歌

中唐诗歌

晚唐诗歌

北宋诗歌

南宋诗歌

元明清诗歌

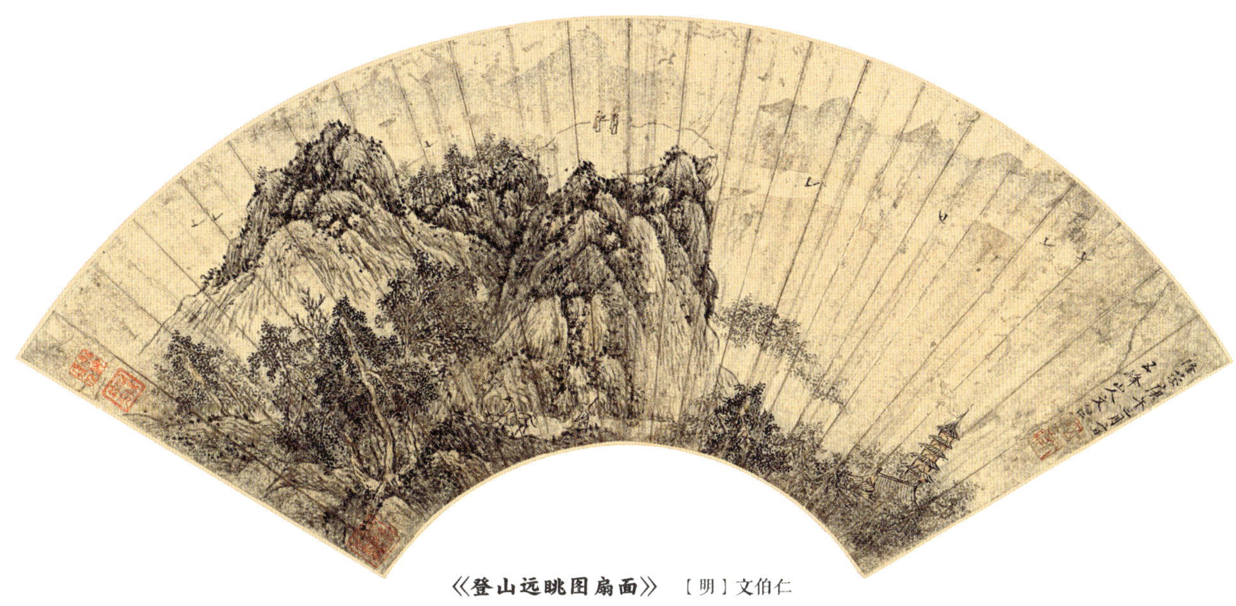

《登山远眺图扇面》〔明〕文伯仁

编委会

图书在版编目（CIP）数据

你好啊，小诗词．江山非故园 / 毛向军编著 ； 霜豪绘．-- 北京 ： 中国铁道出版社有限公司， 2021.5
ISBN 978-7-113-27736-9

Ⅰ．①你… Ⅱ．①毛… ②霜… Ⅲ．①古典诗歌－中国－中学－课外读物 Ⅳ．①G634.303

中国版本图书馆 CIP 数据核字（2021）第 026301 号

书　　名：你好啊，小诗词：江山非故园
NI HAO A，XIAOSHICI：JIANGSHAN FEI GUYUAN

作　　者：毛向军

插　　图：霜　豪

策划编辑：聂浩智　郭景思

责任编辑：郭景思　　**电子信箱：**guojingsi@sina.cn

责任印制：赵星辰

出版发行：中国铁道出版社有限公司（100054，北京市西城区右安门西街 8 号）

印　　刷：北京柏力行彩印有限公司

版　　次：2021 年 5 月第 1 版　　2021 年 5 月第 1 次印刷

开　　本：889 mm × 1194 mm　1/24　印张：24　字数：640 千

书　　号：ISBN 978-7-113-27736-9

定　　价：198.00 元（全 8 册）